Autos de carreras

Los autos de rally

por Bizzy Harris

Bullfrog
en español

Ideas para padres y maestros

Bullfrog Books permite a los niños practicar la lectura de textos informativos desde el nivel principiante. Las repeticiones, palabras conocidas y descripciones en las imágenes ayudan a los lectores principiantes.

Antes de leer

- Hablen acerca de las fotografías. ¿Qué representan para ellos?
- Consulten juntos el glosario de las fotografías. Lean las palabras y hablen de ellas.

Durante la lectura

- Hojeen el libro y observen las fotografías. Deje que el niño haga preguntas. Muestre las descripciones en las imágenes.
- Léale el libro al niño o deje que él o ella lo lea independientemente.

Después de leer

- Anime al niño para que piense más. Pregúntele: Los autos de rally compiten en muchas superficies distintas. En este libro, ¿dónde compiten los autos de rally?

Bullfrog Books are published by Jump!
5357 Penn Avenue South
Minneapolis, MN 55419
www.jumplibrary.com

Library of Congress Cataloging-in-Publication Data

Names: Harris, Bizzy, author.
Title: Los autos de rally / por Bizzy Harris.
Other titles: Rally cars. Spanish
Description: Minneapolis, MN: Jump!, Inc., [2023]
Series: Autos de carreras
Translation of: Rally cars. | Audience: Ages 5–8.
Identifiers: LCCN 2021062013 (print)
LCCN 2021062014 (ebook)
ISBN 9781636909639 (hardcover)
ISBN 9781636909646 (paperback)
ISBN 9781636909653 (ebook)
Subjects: LCSH: Rally cars—Juvenile literature.
Classification: LCC TL236.4 .H3718 2023 (print)
LCC TL236.4 (ebook)
DDC 796.7/3—dc23/eng/20220118

Editor: Eliza Leahy
Designer: Emma Bersie
Translator: Annette Granat

Photo Credits: Rodrigo Garrido/Shutterstock, cover, 24; EvrenKalinbacak/Shutterstock, 1, 4, 13; Babeshkin/Shutterstock, 3; Taras Vyshnya/Shutterstock, 5; Johner Images/Alamy, 6–7, 23tm; mountainpix/Shutterstock, 8–9, 23tl; Ermess/Dreamstime, 10–11; Aurelian Nedelcu/Shutterstock, 12, 23bl; Action Plus Sports Images/Alamy, 14–15, 20–21; Anadolu Agency/Getty, 16–17; Weblogiq/Dreamstime, 18, 23bm; Zigmunds Dizgalvis/iStock, 19, 23br; coffeeflavour/Shutterstock, 22 (top); MRYsportfoto/Shutterstock, 22 (bottom); Manamana/Shutterstock, 23tr.

Printed in the United States of America at Corporate Graphics in North Mankato, Minnesota.

Tabla de contenido

Lodo y hielo

Un auto de rally compite.
¡Circula por el lodo!

Una persona maneja.
¡Hace una curva cerrada!

auricular

La otra persona le da direcciones.

Ambas usan auriculares.

¿Por qué?

¡El auto es ruidoso!

Los dos usan cascos.

Los arneses los mantienen fijos.

casco
arnés
NISSAN
TFC-586

jaula de seguridad

Hay una jaula de seguridad dentro.

Las barras de metal son fuertes.

No se doblarán en un accidente.

Los autos de rally circulan en calles de grava.

tierra

También circulan por caminos de tierra.

Este auto pasa por encima de un salto.

¡Recibe aire!

TOTAL
Abu Dhabi
Abu Dhabi Racing
IDENTICAR
MICHELIN
BF-137-XC
World Rally Championship

FORD PERFORMANCE
AsahiKASEI
MS-RT
Ford
Fiesta
AUDES
Crown Oil
MICHELIN

Este cruza un río.

¡Salpica!

Este auto compite en la nieve.

Las llantas tienen tacos.

Estos se agarran al hielo.

Las carreras son largas. Ellas pueden durar días. Un carro compite a la vez. ¡El tiempo más rápido gana!

línea de meta
rally de Portugal
vodafone
AUTOMÓVEL CLUB DE PORTUGAL 2015
Volkswagen

Las partes de un auto de rally

La velocidad de un auto de rally puede ser de 130 millas (209 kilómetros) por hora. ¡Échales un vistazo a sus partes!

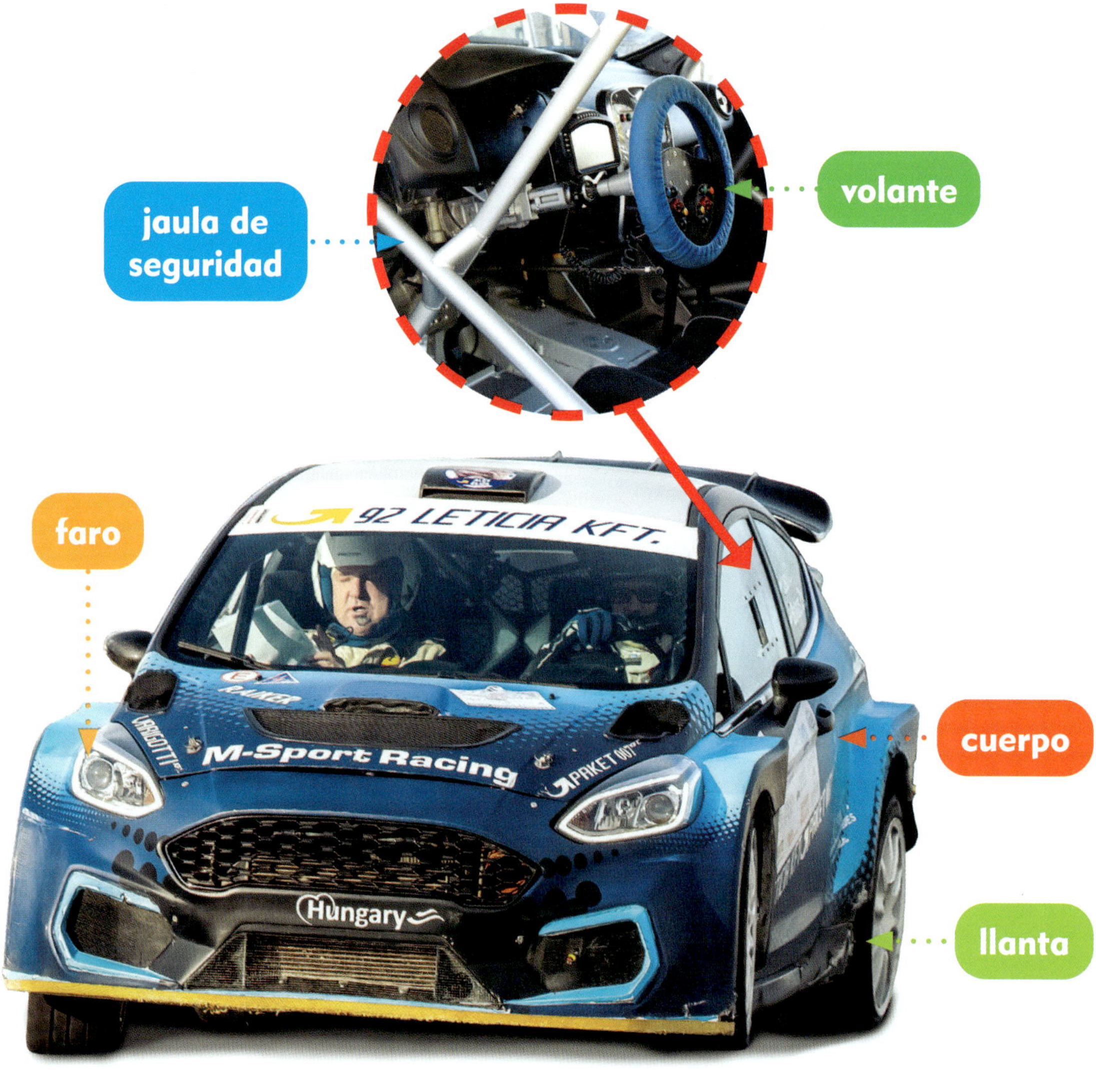

Glosario de fotografías

arneses
Un grupo de correas usadas para conectarte con algo y mantenerte a salvo.

auriculares
Dispositivos con micrófonos que sirven para escuchar.

direcciones
Instrucciones, especialmente para llegar a algún sitio.

grava
Una mezcla suelta de piedras pequeñas usadas en caminos o calles.

se agarran
Mantienen un control fijo sobre algo.

tacos
Pedazos metálicos que hacen que las llantas se agarren mejor.

Índice

Para aprender más

Aprender más es tan fácil como contar de 1 a 3.

1. Visita www.factsurfer.com
2. Escribe "losautosderally" en la caja de búsqueda.
3. Elige tu libro para ver una lista de sitios web.